COME INIZIARE CON IMOVIE

UNA GUIDA INCREDIBILMENTE FACILE AL MONTAGGIO DI FILMATI CON IMOVIE

Scott La Counte

ANAHEIM, CALIFORNIA

www.RidiculouslySimpleBooks.com

Copyright © 2022 di Scott La Counte.

Tutti i diritti riservati. Nessuna parte di questa pubblicazione può essere riprodotta, distribuita o trasmessa in qualsiasi forma o con qualsiasi mezzo, comprese fotocopie, registrazioni o altri metodi elettronici o meccanici, senza il previo consenso scritto dell'editore, tranne nel caso di brevi citazioni contenute in recensioni critiche e di alcuni altri usi non commerciali consentiti dalla legge sul copyright.

Responsabilità limitata / Esclusione di garanzia. Nonostante l'impegno profuso nella preparazione di questo libro, l'autore e gli editori non rilasciano dichiarazioni o garanzie di alcun tipo e non si assumono alcuna responsabilità in merito all'accuratezza o alla completezza dei contenuti; in particolare, né l'autore né l'editore potranno essere ritenuti responsabili nei confronti di qualsiasi persona o entità per quanto riguarda eventuali perdite o danni incidentali o consequenziali causati o che si presume siano stati causati, direttamente o indirettamente, senza limitazioni, dalle informazioni o dai programmi contenuti nel presente documento. Inoltre, i lettori devono essere consapevoli che i siti Internet siti Internet elencati in quest'opera possono essere cambiati o scomparsi. Quest'opera viene venduta con la consapevolezza che i consigli in essa contenuti potrebbero non essere adatti a tutte le situazioni.

Marchi di fabbrica. L'uso di marchi registrati in questo libro non implica alcuna approvazione o affiliazione a questo libro. Tutti i marchi (compresi, ma non solo, gli screenshot) utilizzati in questo libro sono utilizzati esclusivamente per scopi editoriali e didattici.

Disclaimer: *si prega di notare che, sebbene sia stato fatto ogni sforzo per garantire l'accuratezza, questo libro non è approvato da Apple, Inc. e deve essere considerato non ufficiale.*

Indice dei contenuti

INTRODUZIONE 6

INIZIA QUI 7
    IMOVIE PER.. 7
    COMINCIAMO!... 8

MODALITÀ MAGIC MOVIE 13
    MOMENTI MAGICI IN SECONDI... 13
    CREARE UN ALBUM 13
    CREARE MOMENTI MAGICI 18
    CONDIVIDERE E RIPRODUZIONE VIDEO 30
    SPOSTAMENTO VIDEO DA IPHONE / IPAD A MAC 34

MODALITÀ STORYBOARD 37
    MONTAGGIO UNO STORYBOARD 47

REALIZZARE UN FILM DA ZERO 50
    Controlli manuali 54
    Aggiunta di transizioni.. 56

IMOVIE PER MACOS 57
    Scaricare iMovie 58
    Avvio di un nuovo progetto... 58
    Creare il primo film 60
    Creazione di titoli, sfondi, transizioni, e altro ancora 62
    Gestione del montatore cinematografico................................ 62
    Montaggio Clip 63
    Montaggio a Clip 68
    Aggiungere una voce fuori campo... 70
    Aggiungere un tema 70
    Salvataggio / Condivisione Film.. 71

INDICE 72

SULL'AUTORE 74

INTRODUZIONE

Sebbene la realizzazione di foto di grande impatto sia un'esigenza di molti quando accendono per la prima volta i loro iPhone e iPad, la capacità video è talmente buona che viene utilizzata dai direttori della fotografia professionisti.

Ma registrare un video e poi trasformarlo in un filmato che sembri cinematografico sono due cose diverse. È vero che si possono facilmente riprendere e guardare i video, ma come si fa a modificarli? E aggiungere effetti interessanti? E se si possono inserire altri video?

Con Apple, le cose funzionano e basta. Hanno un modo brillante di rendere semplici cose che prima erano complicate. Questo è particolarmente vero con il software iMovie di Apple.

Questo libro vi guiderà attraverso ciò che dovete sapere per creare splendidi video da condividere con la famiglia e gli amici. Alcune delle cose che scoprirete all'interno:

- Utilizzo di Magic Movie
- Progettare il film con Storyboard
- Utilizzo della modalità Cinematografica
- Aggiunta di effetti speciali
- Aggiunta di colonne sonore
- Spostamento di filmati da iOS/iPadOS a macOS
- Utilizzo del picture-in-picture
- E molto altro ancora!

Siete pronti per iniziare?

[1]
Inizia qui

IMOVIE PER...

La prima cosa da capire di iMovie è che è stato creato per tre diversi dispositivi. Quindi, quando dico "iMovie", cosa intendo? iMovie... per iPad? iMovie... per Mac? O iMovie... per iPhone.

In breve: sì. iMovie per tutte queste cose.

Quando aprite iMovie su iPhone, avrà un aspetto diverso rispetto a quando lo aprite su iPad, che ha un aspetto diverso rispetto a quando lo aprite su Mac. Ma quello che dovete capire è che non importa. Le cose saranno in posti leggermente diversi, ma funzionano tutte essenzialmente allo stesso modo.

Il libro sarà incentrato sull'iPad. Il motivo è che è più facile capire come fare le cose su schermi più grandi. Ma la logica di ciò che imparerete qui può essere applicata anche all'iPhone e al Mac. Farò del mio meglio per mostrare le differenze nel corso del libro.

COMINCIAMO!

Scegliete il dispositivo che preferite e date un'occhiata in giro! Su MacOS, sarete accolti da una grande schermata di benvenuto. È molto più bella di quella che viene dopo, purtroppo.

Una volta che si fa clic su *Continua* e si inizia, viene visualizzata la schermata del software. È piuttosto spoglia, vero? Ecco perché gran parte di questo libro si concentrerà sull'iPad: è molto più facile mostrare dove si trovano le cose su un iPad e ci sono più funzioni integrate in ognuno di essi. Ma non preoccupatevi! Se non avete un iPad, non vi lascerò al buio!

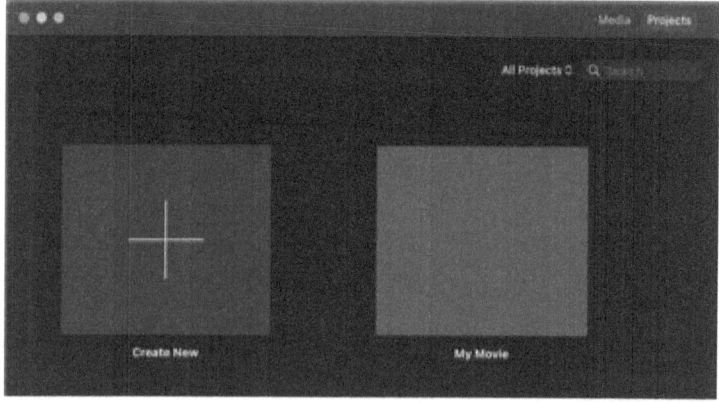

Diamo quindi un'occhiata agli schermi dell'iPhone e dell'iPad. Anche l'iPhone e l'iPad potrebbero sembrare un po'... spogli; ci sono solo tre opzioni. Ma queste opzioni sono ricche di funzioni.

Questo menu rimarrà con voi, ma a volte viene ridotto a icona come in basso: se ciò accade, basta scorrere verso l'alto.

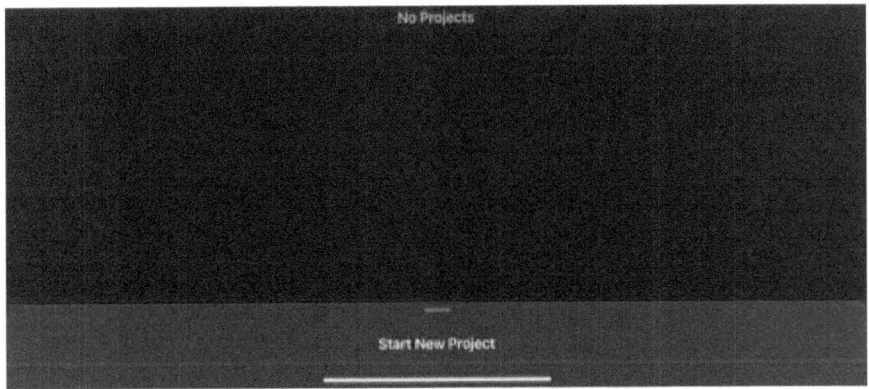

La prima opzione che vedrete è *Magic Movie*. Come suggerisce il nome, la creazione del filmato avviene magicamente, anche se è possibile apportare modifiche manuali, di cui parlerò più avanti nel libro. Funziona allo stesso modo su iPhone, ma su Mac è possibile modificare solo i video realizzati su iPad.

Storyboard consente di scegliere modelli già pronti, in modo da poter trovare un modello di celebrazione, ad esempio, per i compleanni. Al momento in cui scriviamo, ce ne sono 20 tra cui scegliere.

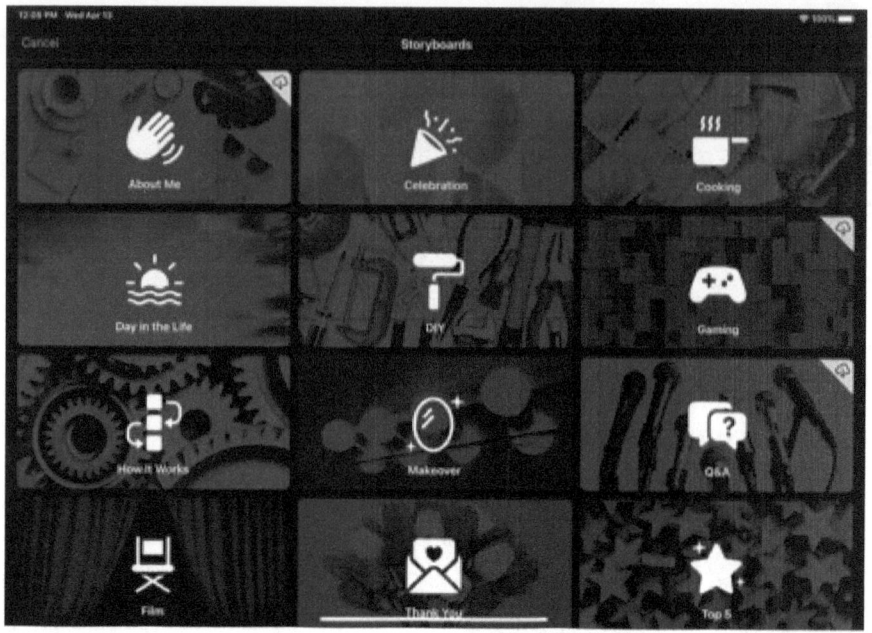

Infine, c'è una modalità di avvio da zero, in cui tutto sarà manuale.

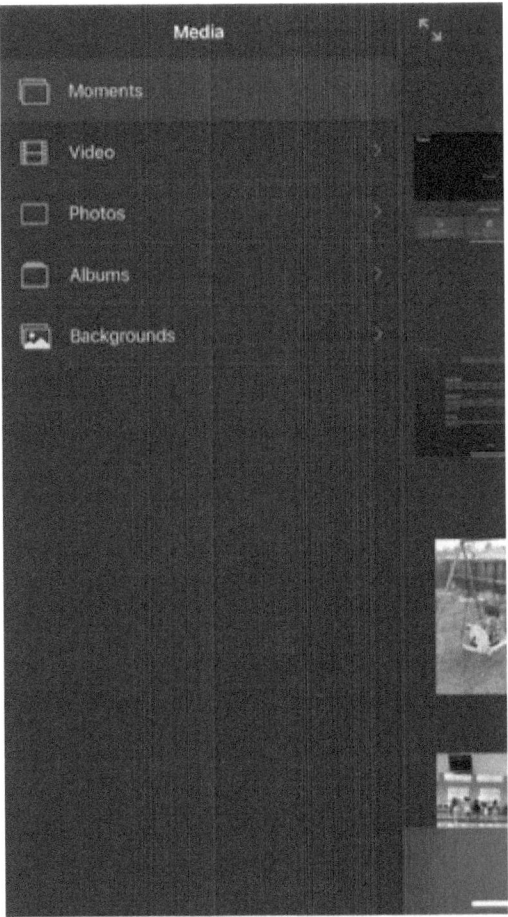

Osservando l'iPhone, ci si accorge subito di come queste operazioni siano le stesse: hanno solo un aspetto leggermente diverso. I pulsanti sono impilati anziché affiancati.

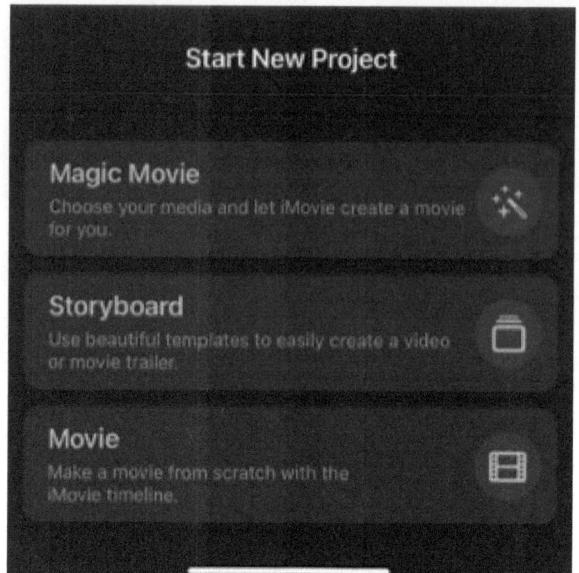

[2]
Modalità Magic Movie

MOMENTI MAGICI IN SECONDI

Se non avete il tempo di fare il vostro Steven Spielberg e volete solo un video creato senza sforzo, allora *Magic Moments* è l'opzione migliore per voi.

Momenti magici creerà in pochi secondi un video a tema basato sul vostro album.

Prima di creare il vostro primo video magico, dovete creare un album. Vediamo quindi brevemente come fare.

CREARE UN ALBUM

Tecnicamente si potrebbero aggiungere le foto una alla volta, ma lo scopo di questa potente funzione è la velocità: mettere insieme un video da condividere rapidamente. Per farlo, è meglio crearlo da un album.

Ci sono alcune cose che si possono fare. Prima vi illustrerò il metodo manuale, poi vi mostrerò un metodo che potreste trovare un po' più veloce.

Il metodo manuale consiste nell'aprire l'app Foto e toccare il pulsante Seleziona nell'angolo in alto a destra. quindi toccare il pulsante *Seleziona* nell'angolo in alto a destra.

Da qui, toccare le foto che si desidera inserire nell'album.

Una volta selezionate tutte le foto desiderate, andare nell'angolo in basso a sinistra e selezionare l'icona quadrata con la freccia verso l'alto.

Si aprirà una nuova serie di opzioni. È possibile creare un album condiviso o un album normale; un album condiviso è un album che viene visualizzato da altre persone. Noterete che c'è scritto "Aggiungi a...". È un po' confuso, vero? Non state aggiungendo nulla a un album, ma volete creare un nuovo album. Non preoccupatevi. Potrete farlo quando toccherete l'opzione *Aggiungi all'album* o *Aggiungi all'album condiviso*.

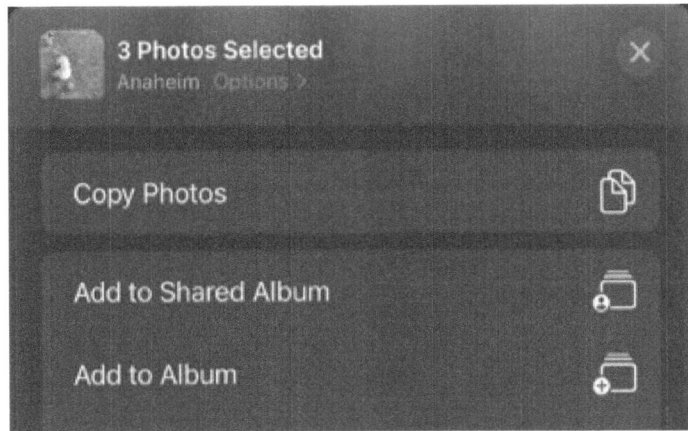

Non appena si tocca *Aggiungi ad un album*, si osservi quale sia una delle prime opzioni: *Nuovo album*. Toccare questa opzione per creare l'album.

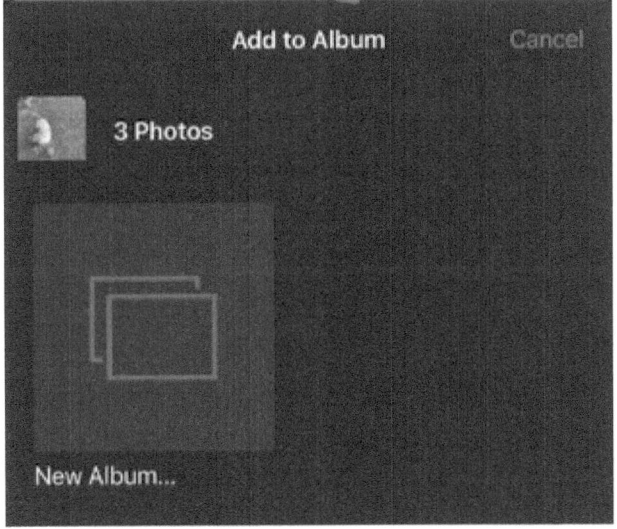

Verrà chiesto di dare un nome all'album. Dategli il nome che desiderate.

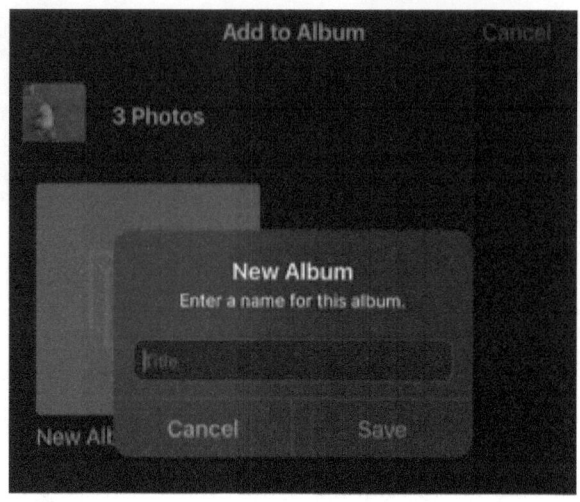

Piuttosto facile, no? Ma ho detto che c'è un altro modo che potrebbe essere un po' più semplice. Creare manualmente gli album è facile quando si utilizzano foto recenti. Ma se volete creare un album su quella volta che siete andati a Parigi... cinque anni fa? Non volete scorrere indietro di cinque anni, vero? È possibile trovarlo rapidamente toccando l'icona *Cerca nell*'angolo in basso a destra.

Farò una ricerca per Dog. L'intelligenza artificiale di Apple è piuttosto intelligente. È in grado di riconoscere la presenza di un cane nella foto e di contrassegnarla come tale. Nell'esempio che segue, ha trovato oltre 400 immagini di cani.

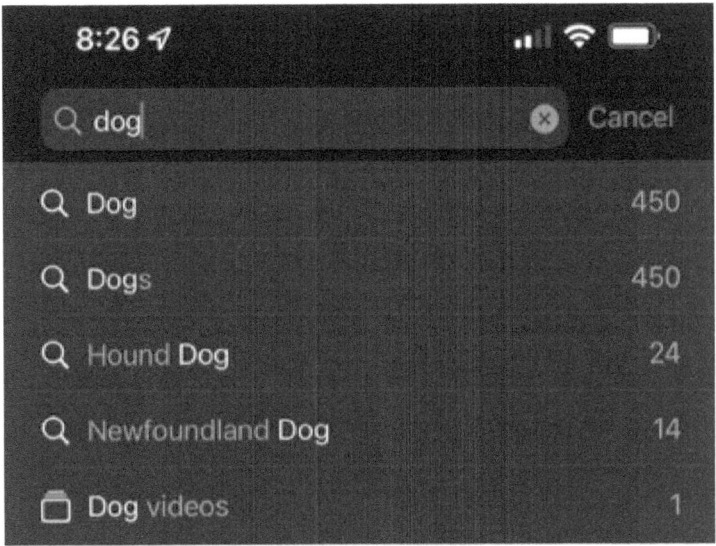

È ancora molto, ma è molto più facile da gestire rispetto al tentativo di trovarle manualmente. È possibile effettuare ricerche per persone, luoghi, animali e persino oggetti (come i fiori). Da qui basta ripetere i passaggi precedenti, selezionando le foto desiderate e creando l'album.

Album È qui che si può iniziare a organizzare le cose. Ricordate quando ho detto sopra che quando si preme il pulsante "Mi piace" su una foto, questa va nella cartella Preferiti. È qui che si trova la cartella. Per aggiungere un album, toccare il pulsante +.

CREARE MOMENTI MAGICI

Ora che abbiamo i nostri album, creiamo alcuni momenti magici! Una volta toccata l'opzione *Filmato magico*, verrà chiesto di selezionare l'album.

Il video verrà intitolato con il nome dell'album. Quindi, nell'esempio qui sotto, è Cavallo a cavallo.

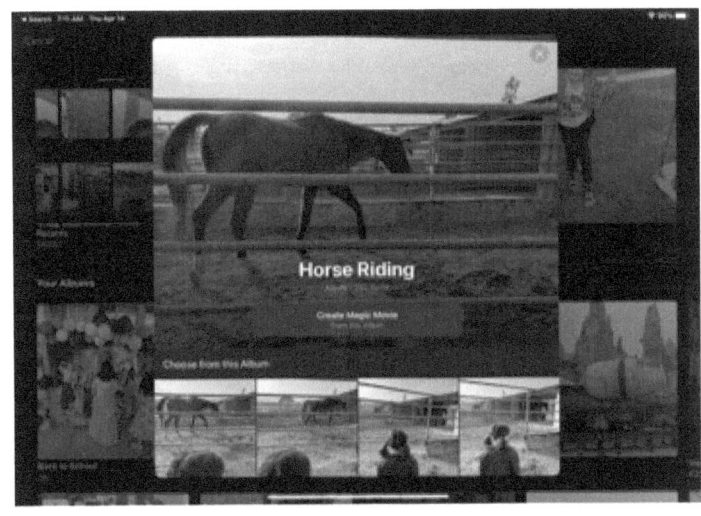

Sull'iPhone, l'esperienza è esattamente la stessa: le cose sono solo disposte in modo diverso.

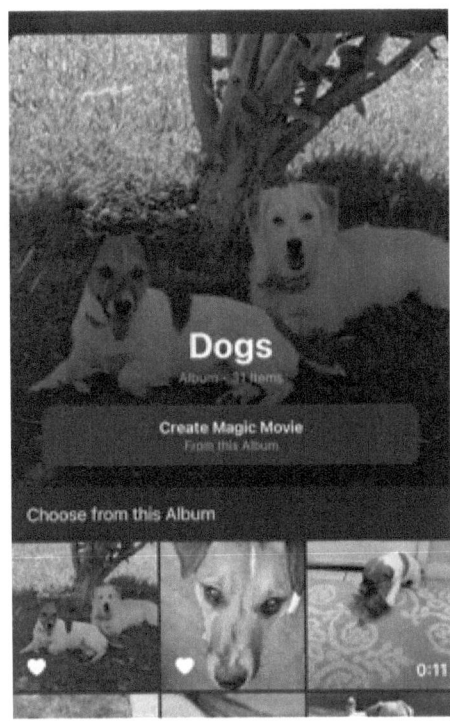

Ci vorrà un attimo per generare l'album. Siate pazienti. Se si tratta di foto vecchie, è probabile che vengano scaricate da iCloud.

Una volta creato, verrà visualizzato in un editor di tipo video.

Anche in questo caso, l'iPhone sarà strutturato in modo diverso, ma tutte le funzioni funzioneranno allo stesso modo.

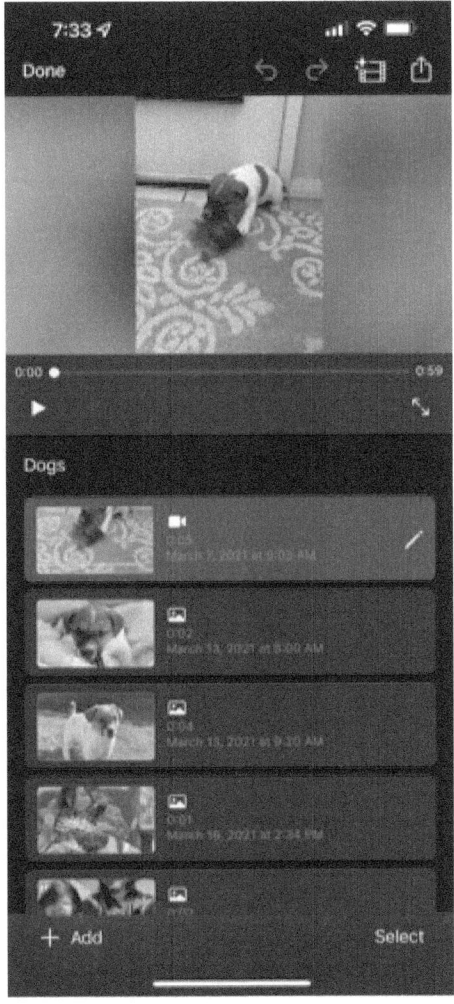

Potreste lavorare con un album piuttosto grande. Quello che sto usando io, per esempio, conteneva più di 200 immagini e video (e dico immagini perché il filmato può contenere sia immagini che video; può anche contenere solo immagini; anche se si tratta solo di immagini, iMovie le fa muovere in un modo che sembra un po' un video). iMovie non le ha incluse tutte. La loro magica intelligenza artificiale ha deciso quale ritiene sia la migliore. Come probabilmente sapete, i computer sono molto intelligenti, ma non sono perfetti. E ci saranno alcune immagini che non vi piaceranno o che vorrete spostare. Per spostarle, toccare e tenere premuta la miniatura e continuare a tenerla premuta mentre la si trascina nella posizione desiderata.

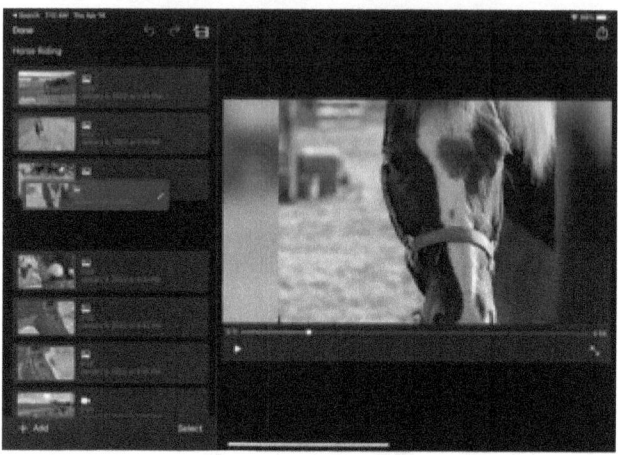

Se si desidera eliminare, cambiare o modificare il clip, toccare l'icona della matita alla sua destra. Per modificarlo, toccare l'opzione *Sostituisci*. Per modificarlo o eliminarlo, toccare l'opzione *Modifica clip* (sì, per eliminarlo è necessario modificarlo).

Dal menu di modifica, si vedranno molte opzioni. Sotto l'immagine, vedete le barre gialle a sinistra e a destra del clip? Permettono di aumentare o diminuire la durata della visualizzazione del video.

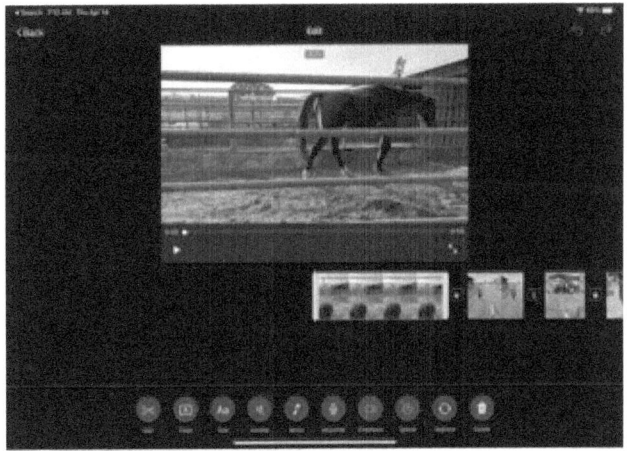

Al di sotto di questo punto, c'è una fila di opzioni di diversi elementi che si possono aggiungere o modificare nel clip. Vediamone alcune, a partire da "Titoli".." I *titoli*

consentono di modificare il layout della foto; sono disponibili diversi layout tra cui scegliere.

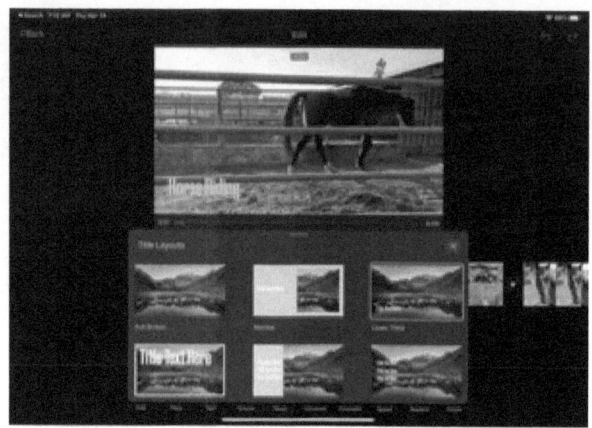

Se nella clip c'è del testo o se si desidera aggiungere del testo, utilizzare l'opzione *Testo per* aggiungerlo.

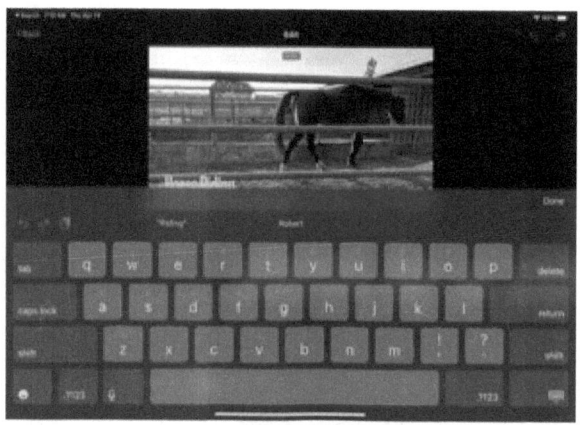

Volume consente di regolare i livelli del suono; nel frattempo, *Musica*, accanto a *Volume*, consente di scegliere la colonna sonora da riprodurre con il video (o di togliere la musica); le *colonne sonore* sono create da Apple; al di sotto di questa si trova *La mia musica*, che è costituita dai brani presenti nella libreria. Se avete intenzione di pubblicare il video sui social media (come Facebook o YouTube), fate attenzione a questa opzione: i brani sono soggetti a licenza e la loro riproduzione in sottofondo al video potrebbe causare la rimozione del video stesso.

Le opzioni rimanenti sono *Voce fuori campoCinematico*, *Velocità*, *Sostituisci* ed *Elimina*. *Voiceover* consente di aggiungere la propria voce al video; *Cinematic* si applica solo se si è utilizzata la modalità Cinematic sull'iPhone; *Speed* indica la velocità di movimento del clip; *Replace* consente di sostituire il clip con un altro; e *Delete* consente di eliminare completamente il clip.

Quando avete finito, non c'è bisogno di salvare. È sufficiente toccare il pulsante Indietro. Tornando alla schermata principale, nell'angolo in alto a sinistra, vediamo altre opzioni. *Fatto* è l'icona che si tocca quando si è finito; la freccia curva a sinistra è *Annulla* e quella accanto è *Ripeti* (consente di annullare o rifare qualsiasi modifica non gradita). L'ultima icona, quella con la striscia di pellicola e le stelle, serve a modificare lo stile del video.

Esistono diversi stili predefiniti che si possono utilizzare. Toccare uno di essi per passare ad esso.

Al di sotto di questo, ci sono quattro opzioni: *Musica*, *Carattere*, *Colore* e Filtro. Queste si comportano come le opzioni appena viste nelle schermate precedenti. *Musica* consente di modificare la riproduzione del filmato.

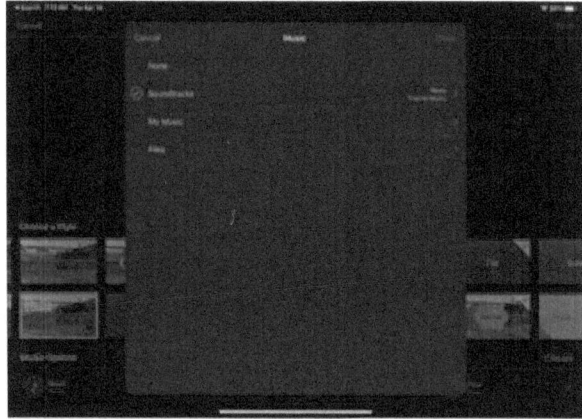

Font modifica il carattere del testo visualizzato.

Colore modifica i colori dei bordi.

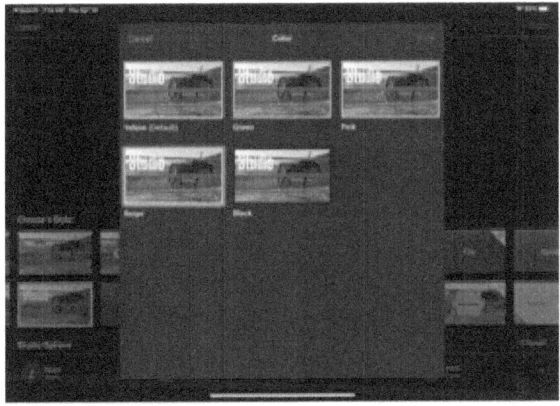

Filtro consente di aggiungere un filtro ai clip, ad esempio per rendere tutti i clip in bianco e nero.

In basso a sinistra della schermata principale si trova l'opzione *Aggiungi*. Questa opzione consente di aggiungere manualmente altre immagini o video che l'IA potrebbe aver tralasciato quando ha messo insieme il video.

Se si desidera condividere il video, fare clic sul quadrato con la freccia verso l'alto nell'angolo in alto a destra del menu principale di modifica.

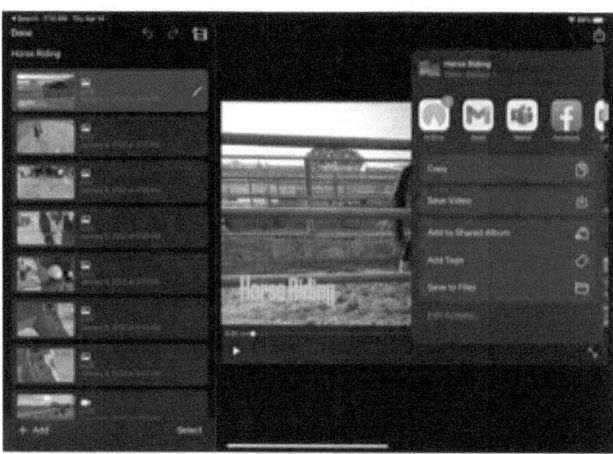

Infine, una volta toccato il pulsante Fine, verrete riportati alla finestra principale di iMovie.

Se si tocca la miniatura del video, si accede alla schermata del menu dei video. Da qui è possibile modificarlo, riprodurlo, condividerlo o eliminarlo.

Quando si sceglie di riprodurre, viene immediatamente visualizzata una finestra a schermo intero che riproduce il video.

CONDIVIDERE E RIPRODUZIONE VIDEO

Se si desidera condividere il video creato, basta toccare l'icona quadrata con la freccia verso l'alto, quindi selezionare la modalità di condivisione. In questo menu è anche possibile aggiungere dei tag al video (questi tag sono ricercabili, il che renderà il video più facile da trovare quando si creano diversi video).

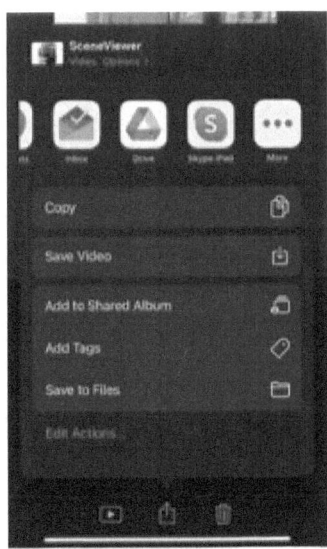

Sotto il titolo del video, noterete un testo blu con la scritta *Opzioni*. È qui che si può modificare la risoluzione del video, in modo da renderlo più piccolo per schermi diversi.

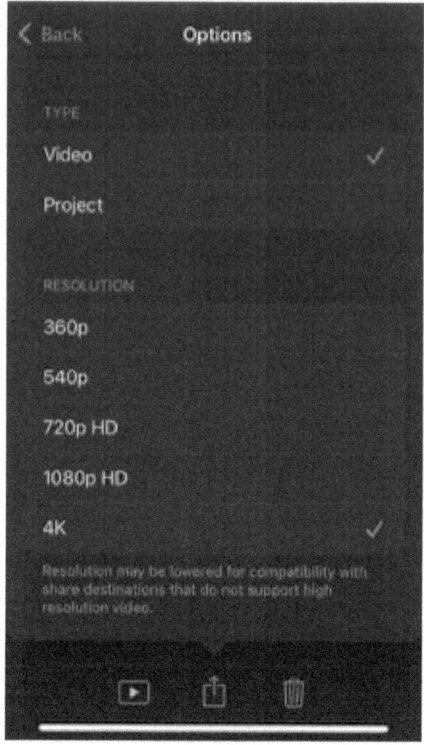

E se si volesse guardare il video su un grande televisore? Non è evidente in queste schermate, ma si può usare AirPlay per farlo. Per utilizzare AirPlay, scorrere il dito verso il basso dall'angolo superiore destro per visualizzare il pannello di controllo.

Da qui, toccate le due caselle rettangolari impilate.

Verranno visualizzati tutti gli schermi su cui è possibile trasmettere il video in modalità wireless. Se non vedete il vostro, assicuratevi che sia un dispositivo compatibile (come una Apple TV) e sulla stessa rete Wi-Fi.

SPOSTAMENTO VIDEO DA IPHONE / IPAD A MAC

Ora vediamo come continuare l'editing sul Mac; ma prima di farlo, vorrei sottolineare che questo passaggio è facoltativo. Potete fare tutto sul vostro iPhone o iPad.

Come per la maggior parte delle cose sul Mac, ci sono diversi modi per condividerlo, ma tutto inizia con il pulsante *Condividi*. Prima di condividerlo, però, è necessario fare clic sul pulsante *Opzioni* vicino alla parte superiore di questa finestra, quindi cambiare il tipo da *Video* a *Progetto*; se non si esegue questa operazione, si condividerà un file MOV, che non è la stessa cosa di un file di progetto iMovie.

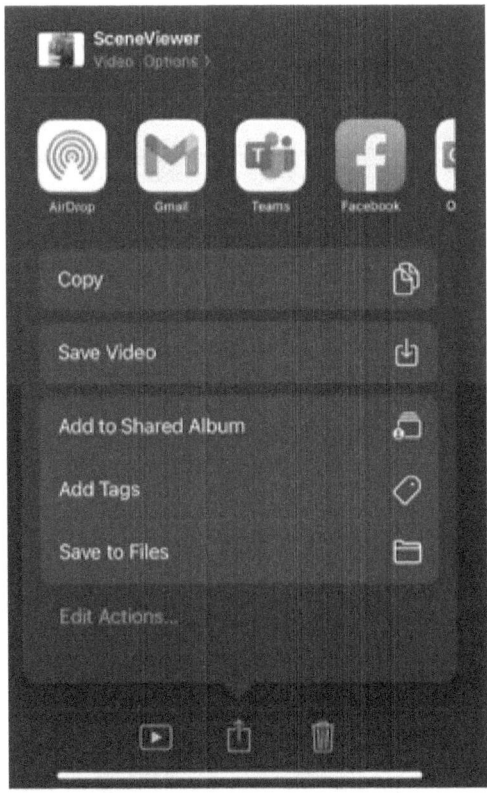

Una volta effettuato il passaggio, è possibile inviarlo via e-mail, collegare un dispositivo USB-C e salvarlo su tale dispositivo o utilizzare una serie di altre piattaforme. Personalmente, però, trovo che il modo più semplice per farlo sia *AirDrop*. Se siete vicini al vostro Mac e sulla stessa rete, potete inviarlo in modalità wireless in pochi secondi.

Se non vedete il vostro Mac quando eseguite questa azione, è possibile che non abbiate attivato o impostato correttamente *AirDrop*. Fate clic sul *Pannello di controllo* nell'angolo superiore destro del Mac (a sinistra del pulsante *Siri*). *AirDrop* dovrebbe essere blu. Se c'è scritto *Solo contatti*, potete fare clic su di esso e impostarlo su *Tutti* per vedere se questo risolve il problema. Una volta inviato il file, lo troverete nella sezione Download del Finder.

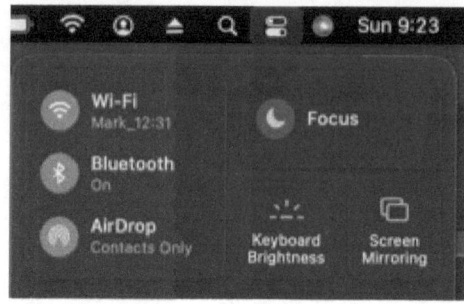

Una volta trovato il file e aperto, si avvierà iMovie, dove è possibile iniziare ad apportare modifiche. Non preoccupatevi di come fare le modifiche... per ora. Ne parlerò nell'ultimo capitolo.

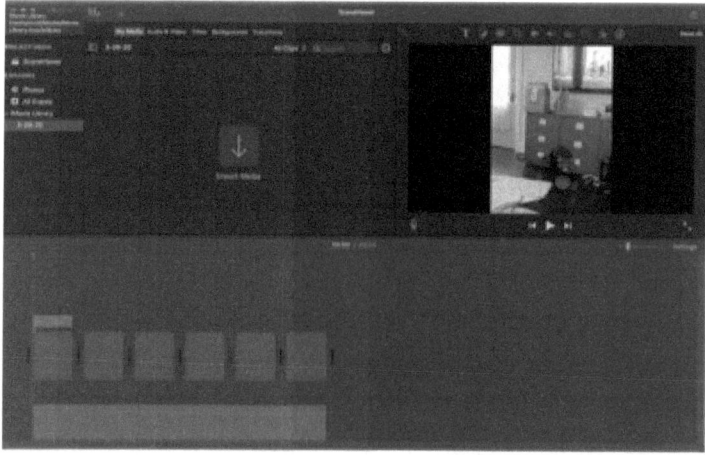

[3]
Modalità Storyboard

Anni fa, quando iMovie è stato rilasciato per la prima volta su iOS, ricordo che c'era una cosa davvero bella che permetteva di creare trailer cinematografici con i propri filmati. Si sceglieva cosa si voleva realizzare: un trailer d'azione, una storia d'amore, un thriller, ecc. Poi ti diceva cose come "trova un video di 30 secondi con due persone che camminano". Alla fine, si ottiene un divertente trailer da condividere con le famiglie.

Questa modalità è ancora presente, ma Apple l'ha rinnovata. Invece di creare solo trailer di film, è possibile creare un sacco di altre cose. Se si vuole creare un video fai-da-te, ad esempio, c'è un modello apposito. Il programma inserisce un modello e voi dovete solo riempire gli spazi vuoti.

Questo è il senso della modalità Storyboards.

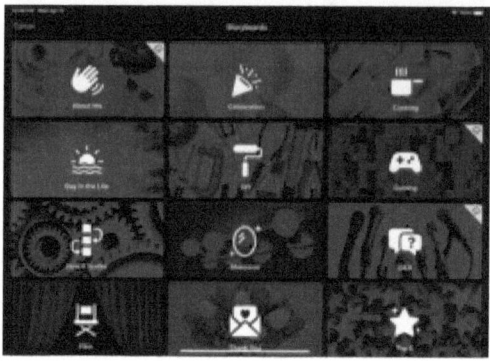

Al momento in cui scriviamo, sono disponibili oltre 20 modelli tra cui scegliere:

- Su di me
- Celebrazione
- Cucina
- Un giorno nella vita
- FAI DA TE
- Gioco
- Come funziona
- Rifacimento
- DOMANDE E RISPOSTE
- Film
- Grazie
- Top 5
- Viaggio
- Benessere
- Prodotto
- Recensione del prodotto
- Rivelazione
- Relazione sul libro
- Rapporto sulle notizie
- Esperimento scientifico
- Rimorchi

Ora sono tutti sul vostro iPhone o iPad - questo è il significato delle piccole icone a forma di nuvola nell'angolo in alto a destra; se state usando iMovie e non avete Internet, potete andare in fondo e selezionare *Scarica tutto*.

Una volta scelto il modello da utilizzare, dovrete iniziare a personalizzarlo. Anche in questo caso, noterete che alcuni elementi devono essere scaricati. Questo è solo per risparmiare spazio di archiviazione, ma si tratta di download molto rapidi. Tenetelo presente se lavorerete a questo progetto senza Internet.

E ricordate che l'iPhone funziona allo stesso modo; le cose sono solo disposte in modo leggermente diverso; ma se sapete come usare iMovie sull'iPad, allora sapete come usarlo sull'iPhone.

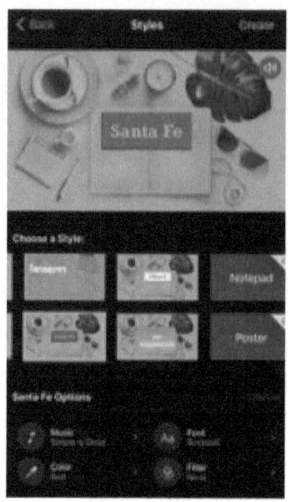

Dopo aver effettuato tutte le regolazioni desiderate, toccare *Crea* nell'angolo in alto a destra. Vediamo ora alcune delle regolazioni che si possono fare. *Stili* è la scelta più ovvia; si tratta dell'aspetto generale del video, ad esempio i tipi di sfondo che appariranno sul titolo. Scorrendo verso il basso si trovano altre opzioni. La prima è *Musica*. Funziona proprio come per Magic Movie; potete usare la colonna sonora predefinita che Apple suggerisce, scegliere qualcosa di diverso in *Soundtracks* o cercare un brano nella vostra libreria. *Soundtracks* è creato da Apple; *My Music* è costituito da brani di vostra proprietà.

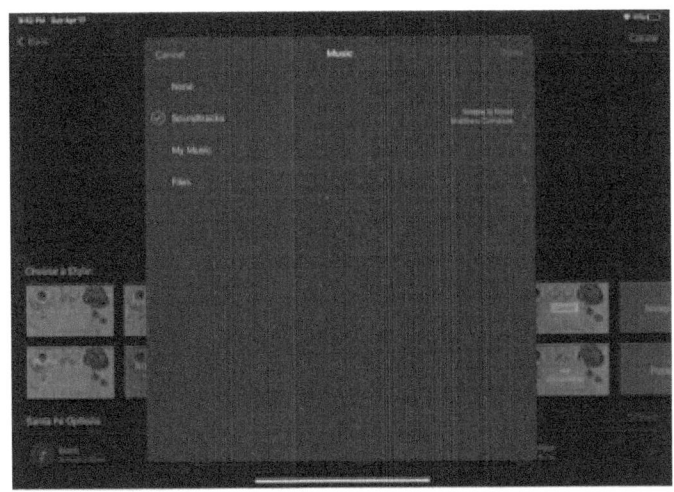

Accanto alla musica c'è il *colore*. Come suggerisce il nome, l'opzione *Colore* consente di scegliere i colori di sfondo che appaiono nel video.

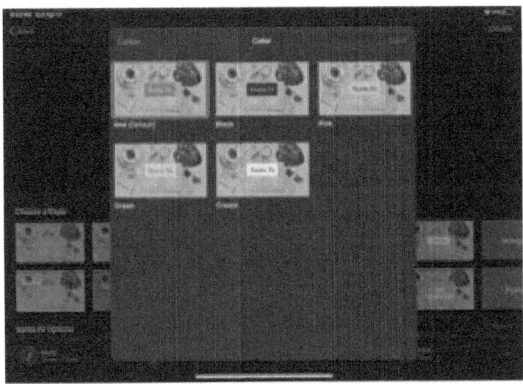

L'opzione *Caratteri* consente di scegliere il carattere migliore per il video.

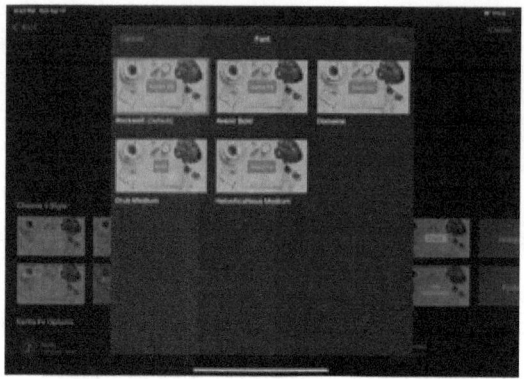

Infine, l'opzione *Filtro* consente di aggiungere filtri al video: ad esempio, è possibile farlo sembrare in bianco e nero o dargli una tonalità satura.

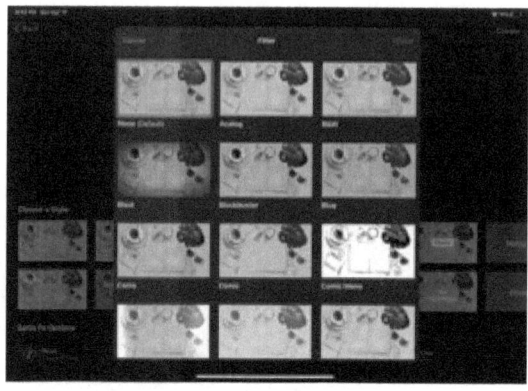

Una volta aggiunte le personalizzazioni desiderate, toccare *Crea* nell'angolo in alto a destra.

A questo punto si accede all'editor principale. Come suggerisce il nome, questa interfaccia è pensata per assomigliare a uno Storyboard in una produzione cinematografica. Quindi vi offre una sorta di sceneggiatura: notate che ogni sezione ha un nome (ad esempio, Chi, Cosa, Esperienza, ecc.)? In *Who*, per esempio, troverete un video in cui spiegate chi siete: il modello che ho scelto è "About

Me", che è un mini video biografico; se avessi scelto qualcos'altro (come Gaming, DIY, Makeover, ecc.) avrebbe elencato diversi Storyboard. In ogni sezione vi dirà che tipo di inquadratura dovreste fare; per esempio, quella dell'esempio qui sotto dice di fare la prima inquadratura come un'inquadratura media, cioè non da lontano e non da vicino, e dà anche un'anteprima di una persona che rappresenta approssimativamente il punto in cui l'inquadratura dovrebbe essere.

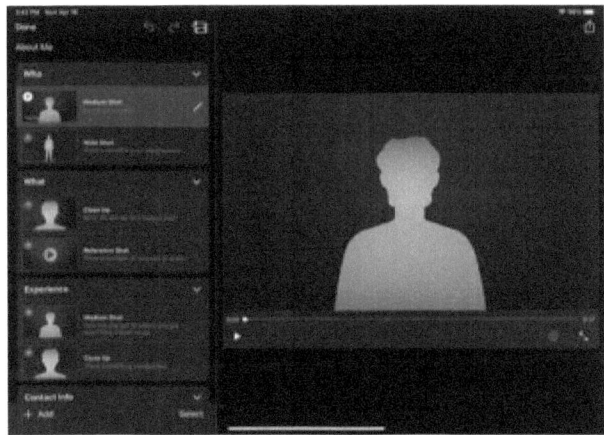

È possibile toccare le icone a forma di freccia sulla destra per chiudere o espandere qualsiasi sezione.

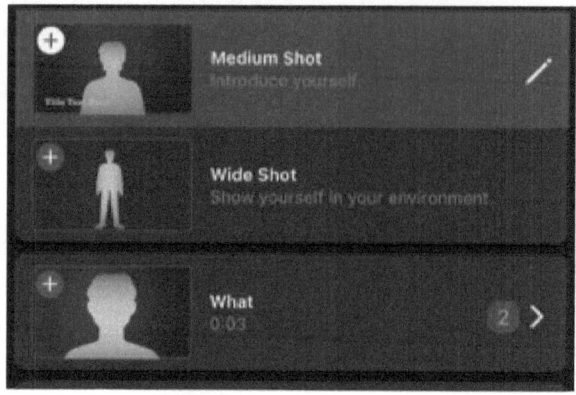

È anche possibile toccare *Aggiungi* nell'angolo in basso a sinistra per aggiungere manualmente un video o un clip non presente nello Storyboard..

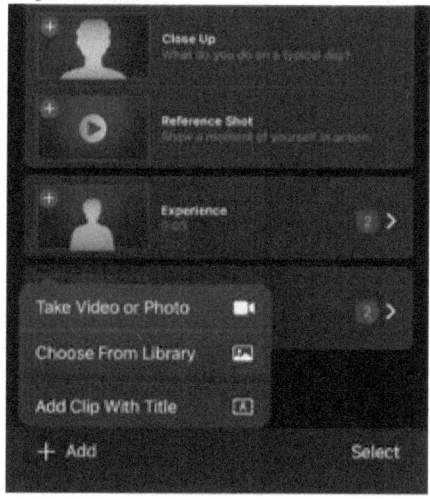

Per aggiungere un video allo Storyboardfare clic sull'icona + nell'immagine di anteprima.

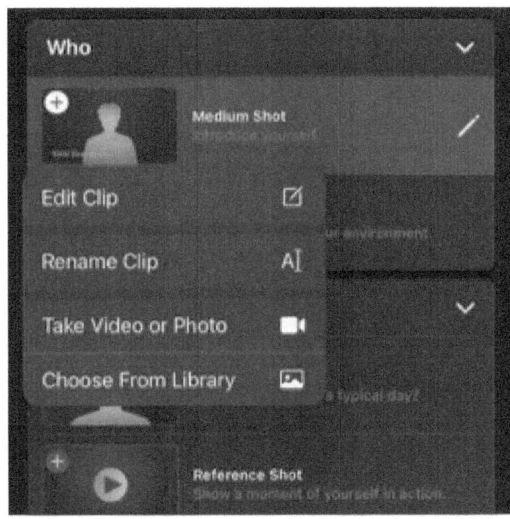

È possibile farlo anche toccando l'icona della matita a destra. In questo stesso menu, è possibile rinominare il clip; quindi, ad esempio, se non vi piace "Scatto medio", potete rinominarlo con qualcosa di più adatto; questo titolo è solo a scopo informativo durante il montaggio e non viene visualizzato nel video una volta terminato.

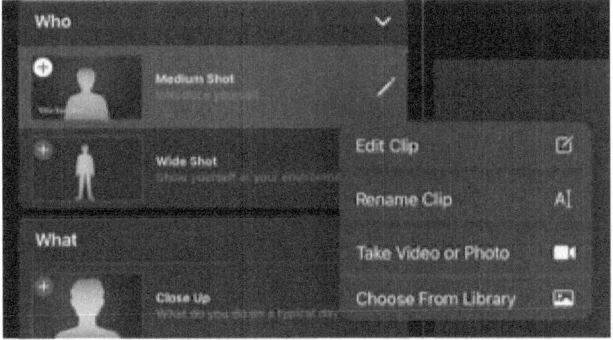

Quando si tocca l'icona ⓘ sull'anteprima, viene visualizzato il titolo dello scatto attualmente in riproduzione nell'anteprima.

Se avete commesso un errore, potete usare il pulsante di *annullamento* in alto; potete anche usare il video con l'icona delle stelle per cambiare la formattazione. Se decidete di usare un carattere/stile diverso o volete cambiare la musica, toccate questo pulsante.

Per condividere il video, toccare l'icona di condivisione nell'angolo in alto a destra. Ricordate che il pulsante *Opzioni* vicino alla parte superiore vi permette di scegliere se condividere un progetto o un file MOV. I file MOV possono essere visualizzati sulla maggior parte dei dispositivi (anche non Apple); i file di progetto richiedono iMovie per essere aperti.

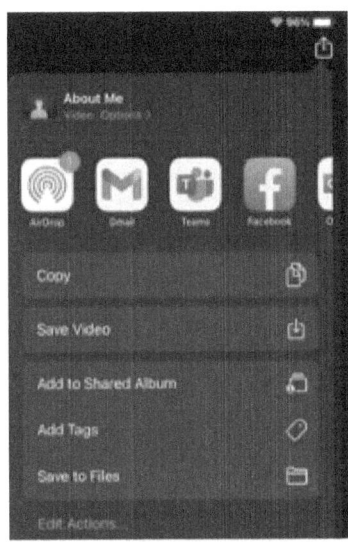

MONTAGGIO UNO STORYBOARD

Gli storyboard sono piuttosto semplici, giusto? Basta aggiungere il video o l'immagine e il gioco è fatto? Più o meno. Ma non è sempre così. A volte si vuole avere del testo sul clip; a volte si vuole che il clip appaia più lungo o più corto; a volte si vuole una voce fuori campo; a volte... avete capito? Ci sono momenti in cui non ci si può accontentare di tutto quello che c'è nel modello.

Nei casi in cui si desidera apportare modifiche, aggiungere il clip come si farebbe normalmente, quindi toccare *Anteprima* e poi *Modifica clip*.

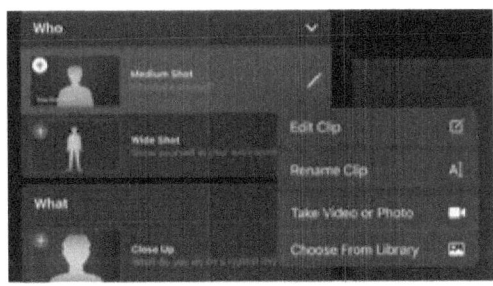

Viene visualizzata la schermata di modifica con molte funzioni aggiuntive. Si noterà che qui è possibile modificare l'intera serie di clip: non si modifica solo un clip, ma l'intero video.

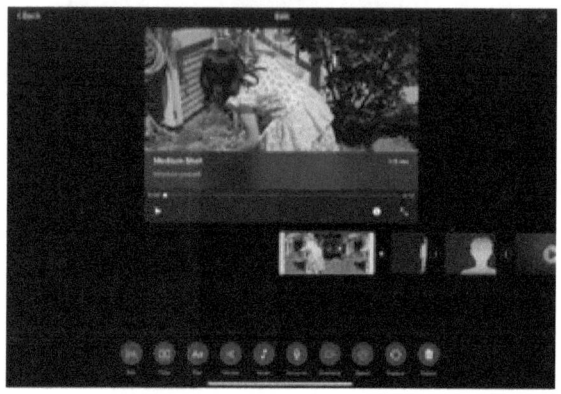

Una delle modifiche più comuni da apportare è la lunghezza di un clip. Ogni clip è circondato da un riquadro giallo con due spessi bordi gialli. Questi bordi possono essere trascinati verso l'interno e verso l'esterno: ad esempio, se si desidera modificare l'inizio del clip, si deve trascinare il bordo giallo a sinistra verso l'interno o verso l'esterno; se si tratta della fine del clip, si usa il bordo destro.

In basso è presente un elenco di opzioni che è possibile aggiungere a ciascun clip. Sottolineate la parola "clip". Le modifiche vengono apportate *solo* a ciascun clip selezionato, non all'intero video. Quindi, toccando *Testo* non si aggiunge testo all'intero video, ma solo al clip selezionato.

[4]
Realizzare un film da zero

La modalità Magic Movie e la modalità Storyboard sono ottime... ma a volte si vuole avere il pieno controllo del video. Per questo c'è la Modalità manuale. Prepariamoci a fare lo Spielberg e a capire come funziona.

Ecco la buona notizia: ora che siete arrivati fino a questo punto,
La modalità manuale non sembra poi così difficile. Molte delle funzioni funzionano allo stesso modo; l'unica differenza è che non è così guidata. Dovete lasciare che la vostra creatività prenda il sopravvento e fare tutto da soli.

La prima cosa che vedrete è una grande galleria per scegliere ciò che volete includere nel filmato. Sono presenti Momenti (che sono elementi generati in base a ciò che il telefono ritiene importante), Video, Foto e Sfondi., Album e Sfondi. Se non si sa cosa includere, è possibile selezionare *Crea filmato* in basso al centro dello schermo e creare il filmato senza video.

Sfondi sembra un po' come gli sfondi che avete scaricato sul vostro dispositivo. Non è così. In realtà si tratta solo di scelte di colori di sfondo.

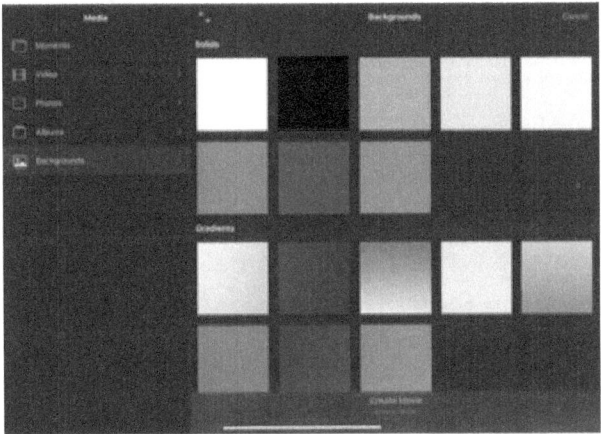

Una volta selezionato *Crea filmato*, si vedrà il clip selezionato inizialmente o un'anteprima vuota. Da qui si può iniziare a modificare il clip o ad aggiungerne di nuovi. Per aggiungere un nuovo filmato, andare nell'area del menu a destra, dove si legge *Media*. La ricerca dei contenuti è identica a quella precedente e si ricorda che si possono scegliere filmati o foto.

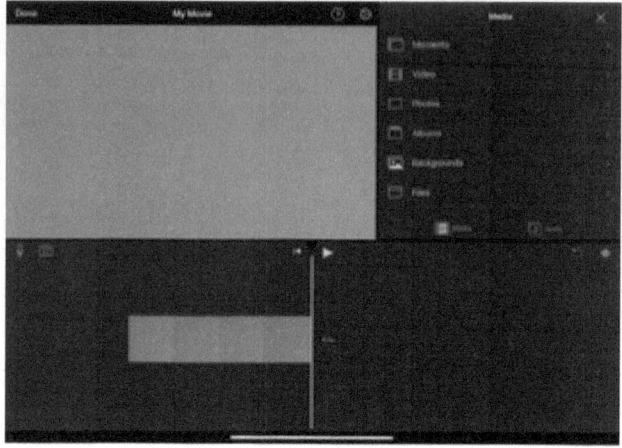

Per risparmiare spazio, molti scelgono di archiviare automaticamente video e foto su iCloud. In questo modo è possibile creare video di grandi dimensioni senza doversi preoccupare di non avere abbastanza spazio. Tuttavia, per poterli utilizzare, è necessario riscaricarli. Per sapere se il contenuto è sul dispositivo o nella nuvola, basta fare clic sull'icona. Nell'esempio che segue, posso riprodurlo, ma non posso aggiungerlo a iMovie perché è nel cloud. Per scaricarlo, basta toccare la nuvola con la freccia verso il basso. Come fa a mostrarlo se è nella nuvola? Una piccola anteprima viene memorizzata sul telefono ed è possibile riprodurla in streaming dal cloud.

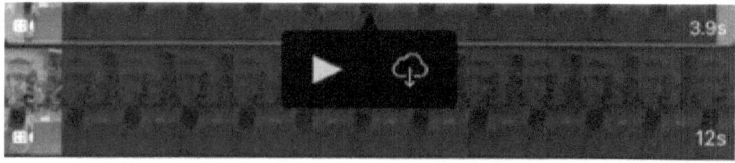

Non appena tocco la nuvola, questa si trova sul mio dispositivo dopo il download e la nuvola diventa un'icona +, che indica che può essere aggiunta al film. Per aggiungerla, basta toccare l'icona +.

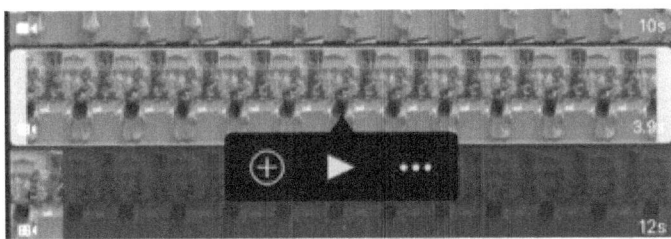

Quando si tocca l'icona +, questa viene aggiunta dietro l'ultimo clip; è possibile toccare e tenere premuto qualsiasi clip per trascinarne la posizione.

Una volta aggiunto il clip, fare clic su di esso per visualizzare le opzioni disponibili per quel clip. Ce ne sono cinque:
- **Azioni** - Consente di tagliare/ritagliare un clip.
- **Velocità** - Consente di regolare la tempistica del clip, in modo che possa avere la stessa quantità di contenuto, ma apparire per più o meno tempo.
- **Volume** - Regola il volume o il volume della musica di sottofondo.

- **Titoli** - Qui è possibile aggiungere o regolare il testo della clip.
- **Filtri** - Regola lo stile e l'aspetto generale della clip con questa azione.

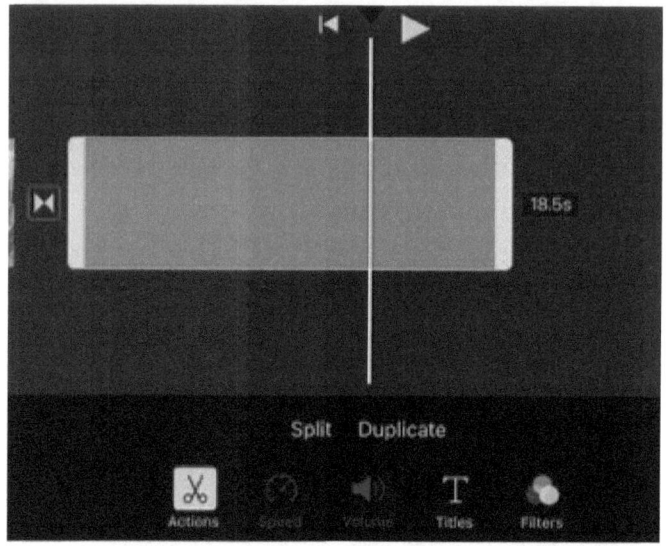

CONTROLLI MANUALI

Diamo una rapida occhiata ad alcune delle icone manuali che vedremo - non ce ne sono molte.

Sotto l'anteprima principale del video, sono presenti quattro icone. Partendo da sinistra, la prima, il microfono, consente di aggiungere una voce fuori campo a un clip; la successiva è la fotocamera, che consente di scattare un video o una foto da aggiungere al video; a destra, la freccia indietro con la linea salta al clip precedente; infine, la freccia avanti riproduce un'anteprima del video.

All'estrema destra c'è un pulsante di annullamento, che
annulla qualsiasi modifica apportata per errore; accanto
all'*annullamento* c'è la *rivelazione dell'audio*; quando si tocca
questo pulsante, viene mostrato l'audio presente nella clip.

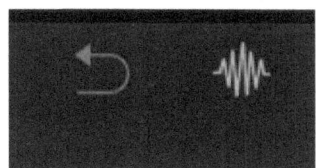

Nell'esempio qui sotto, si può notare che il primo clip ha
un po' di audio sommesso in sottofondo; questo mi aiuta a
capire se nel clip c'è qualcosa che voglio disattivare o
amplificare.

In alto, vicino al centro della schermata principale, si trova
l'icona di configurazione. Questa consente di aggiungere
filtri, modificare il tema principale e attivare o disattivare la
musica e le transizioni.

AGGIUNTA DI TRANSIZIONI

Se si desidera aggiungere una transizione tra i clip, toccare le due frecce rivolte l'una verso l'altra al centro di due clip; in questo modo verranno visualizzate le opzioni di transizione. Toccare quella desiderata. È anche possibile regolare la durata della transizione (1,0 secondi è il valore predefinito).

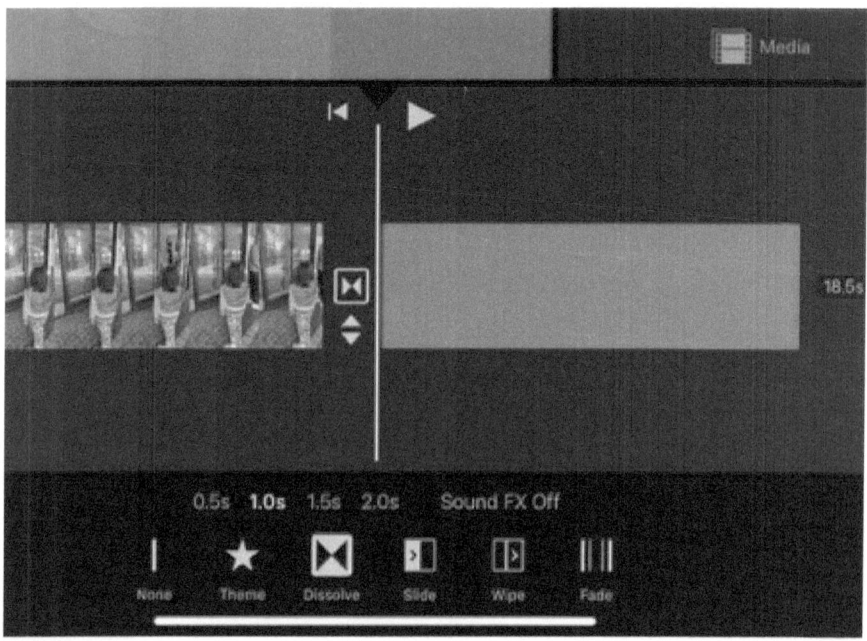

[5]
iMovie per MacOS

Per l'utente esperto che c'è in voi, è consigliabile andare su iMovie per MacOS per ottenere il massimo da iMovie.

Aprirlo per la prima volta può essere un po' intimidatorio; a differenza di iOS e iPadOS, i controlli e la loro posizione non assomigliano affatto a quanto visto finora. Non lasciatevi spaventare dal nuovo look: una volta abituati, il comportamento è davvero simile.

Prima di continuare, permettetemi di dire ancora una volta: non è necessario MacOS per fare un buon film; iOS e iPadOS possono fornire risultati superiori. Il motivo principale per cui si potrebbe considerare l'uso di MacOS rispetto a un dispositivo mobile è che funziona più come un editor cinematografico e alcuni utenti preferiscono questo formato.

Quindi iniziamo!

Scaricare iMovie

iMovie dovrebbe essere preinstallato sul vostro Mac; troverete l'icona nel launchpad.

Se non la vedete, è possibile che l'abbiate rimossa per sbaglio.

Per ottenere una nuova copia, basta andare nell'App Store, cercare iMovie e fare clic su *Ottieni*. È gratuito, ma è di grandi dimensioni, quindi il download potrebbe richiedere un po' di tempo.

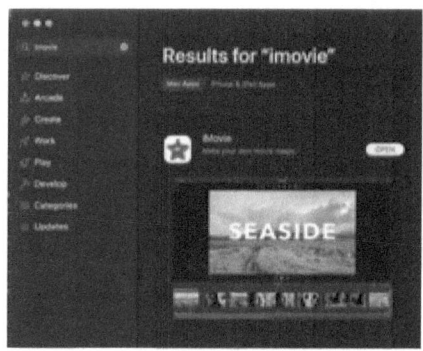

Avvio di un nuovo progetto

Quando si avvia iMovie per la prima volta, probabilmente ci si sente un po'... carenti. Ha letteralmente un'unica opzione: *Crea nuovo*.

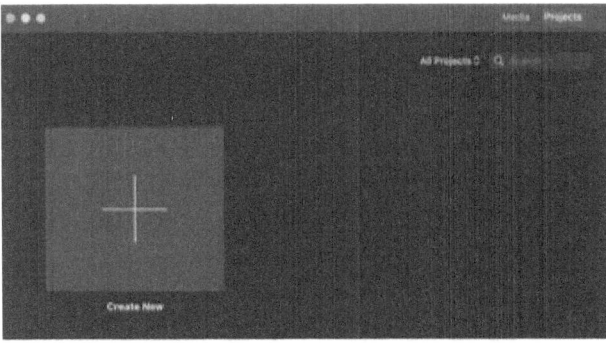

Facendo clic su *Crea nuovo*, si aprirà un'altra opzione: *Film e trailer*.

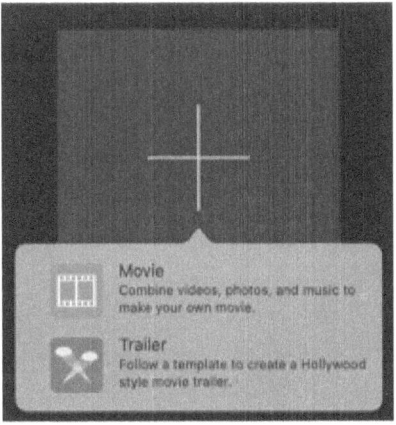

A un certo punto, sospetto che Apple aggiungerà le stesse opzioni di iOS e iPadOS, ma, al momento in cui scriviamo, non è così. Quindi tutto ciò che abbiamo è *Trailer* che è molto simile a *Storyboard* sui dispositivi mobili.

Facendo clic su *Trailer*, si vedranno tutti i diversi stili disponibili. Come sui dispositivi mobili, questi stili creano mini filmati della durata di circa un minuto e mezzo, con un effetto cinematografico simile a quello di un trailer cinematografico. Sono divertenti da provare, ma non sono così potenti come la modalità Storyboard disponibile su iOS e iPadOS.

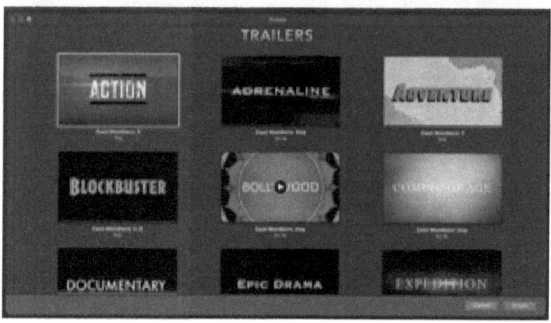

Quando si utilizza questa modalità, si noterà che anche le opzioni sono piuttosto simili a quelle dei dispositivi mobili. Fare clic su *Storyboard* e trascinare il contenuto desiderato.

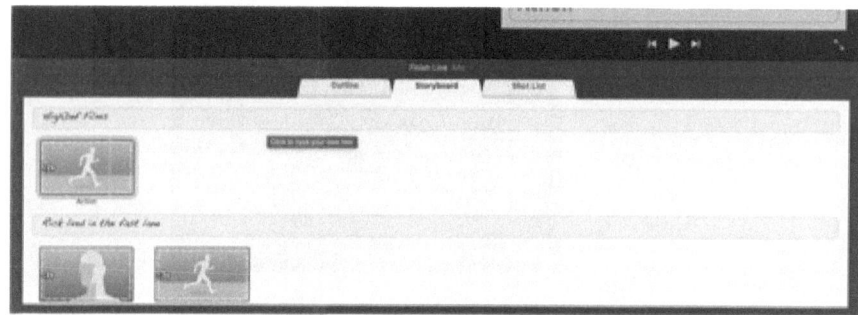

CREARE IL PRIMO FILM

Quando si crea un filmato, la prima cosa che si vede è una tela bianca.

Il primo passo è quindi quello di iniziare ad aggiungere alcuni (o tutti) i vostri contenuti.

Ci sono   Ci sono diversi modi per aggiungere i contenuti; si può fare clic su *Importa media* e trovarli.

È possibile andare nel menu di ricerca e cercarlo.

Potete cercarlo nel menu multimediale di sinistra.

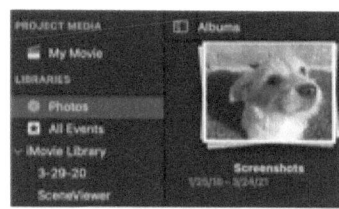

Oppure, forse il metodo più semplice, sicuramente il mio preferito, potete trascinarlo e rilasciarlo.

CREAZIONE DI TITOLI, SFONDI, TRANSIZIONI, E ALTRO ANCORA

Avrete notato un menu in alto che dice: I miei media, Audio e video, Titoli, Sfondi, transizioni. Questo menu è sempre disponibile. Quindi, ogni volta che desiderate aggiungere una transizione, una musica o dei titoli, andate in questo menu.

| My Media | Audio & Video | Titles | Backgrounds | Transitions |

Per aggiungere l'effetto, trovare quello desiderato e trascinarlo nell'editor di filmati nella metà inferiore dello schermo.

GESTIONE DEL MONTATORE CINEMATOGRAFICO

L'area in cui si passerà più tempo è l'editor che copre la metà inferiore dello schermo.

L'editor di filmati ha diverse righe che fungono ciascuna da livello. Avrete una riga per il video/foto, una per il testo, una per l'audio, e potreste avere diverse righe per ciascuna di esse. Se avete familiarità con gli editor di foto, il concetto di livelli potrebbe esservi familiare. L'idea è che ogni riga è impilata l'una sull'altra e si può modificare ogni riga in modo indipendente. Quindi, se si desidera che un testo sia più trasparente di un altro, è possibile farlo.

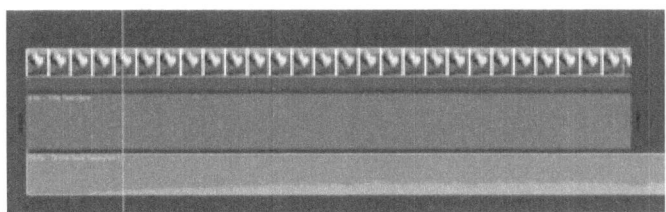

Se le righe e i livelli sono ancora un po' confusi, tenete duro. Man mano che capirete meglio i controlli, tutto comincerà ad avere più senso.

MONTAGGIO CLIP

I video, il testo e l'audio hanno ciascuno diverse opzioni da utilizzare. Quando si fa clic su diversi clip nell'editor, si noterà che le opzioni del menu nella metà superiore destra cambiano in base a ciò su cui si fa clic. Molti di questi controlli vi saranno familiari grazie alle versioni mobili dell'applicazione. Tratterò brevemente ogni opzione e illustrerò le eventuali differenze.

Partendo dall'estrema sinistra, l'icona di *Magic Wizard* *non fa* apparire alcun menu; lavora in background per perfezionare automaticamente l'immagine o il video; esegue regolazioni automatiche del colore.

La serie successiva di opzioni è la sovrapposizione video. Si tratta di effetti che possono essere utilizzati per rendere il video o il testo più trasparente (opacità). Quindi, se il testo appare sopra il video e si nota che non viene visualizzato correttamente, si possono usare *Opacità e Dissolvenza per regolare il video e rendere il testo più leggibile.* e *Dissolvenza* per regolare il video e rendere il testo più leggibile.

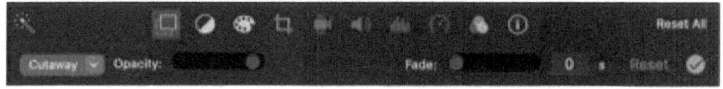

Il menu a tendina indica *Cutaway* per impostazione predefinita, ma se si fa clic su di esso, si vedranno diverse altre opzioni. *Schermo verde/blu*, ad esempio, tenta di rimuovere lo sfondo.

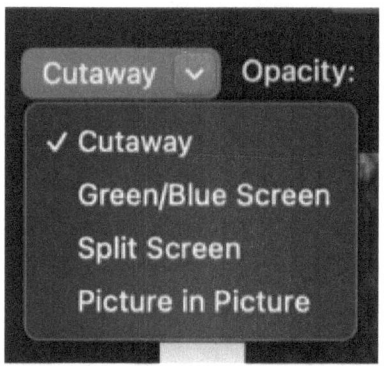

Immagine nell'immagine riduce a icona il video clip e lo colloca nell'angolo dello schermo. Questa tecnica funziona bene con i video didattici in cui si mostra l'insegnante nel riquadro d'angolo e l'illustrazione nell'area principale. Man mano che si regolano queste impostazioni, si noterà anche che il menu cambia leggermente per avere ulteriori opzioni.

Colore Bilanciamento del colore è l'icona successiva; si può usare *Auto* per effettuare le regolazioni automatiche del colore, oppure usare alcune delle regolazioni manuali.

Colore CorrezioneLa funzione successiva è quella che consente di regolare la tonalità e i contrasti dei colori.

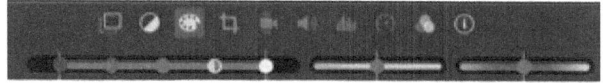

Il ritaglio è la quarta icona a cui prestare particolare attenzione se si utilizzano foto. Per impostazione predefinita, le foto avranno l'effetto Ken Burns. che significa che l'immagine viene ingrandita in una certa sezione Significa che l'immagine viene ingrandita in una certa sezione e, durante la riproduzione del filmato, si sposta su altre aree per dare l'impressione che la foto sia una specie di film. *Ritagliare per riempire* e *adattare* potrebbe essere più adatto ad alcune foto. A destra di queste opzioni si trovano i pulsanti per ruotare la foto.

Avete una mano tremolante? Anch'io! *La stabilizzazione* può aiutarvi a risolvere il problema. Si rivelerà particolarmente utile se avete scattato foto d'azione.

Il volume consente di regolare il volume di una clip: è possibile abbassarlo in modo che le altre clip che scorrono accanto ad essa siano più rumorose. Ad esempio, si può avere una traccia musicale e si vuole che l'audio del video si senta solo leggermente.

Riduzione del rumore e l'*equalizzatore* aiutano a regolare ulteriormente il volume; supponiamo di aver girato il video in un ristorante affollato o in un luogo con molto rumore. Questa opzione può aiutare a correggere il rumore di fondo.

A destra di questi strumenti c'è un menu a tendina che dice *Equalizzatore*. Facendo clic su di esso si ottengono diversi altri miglioramenti.

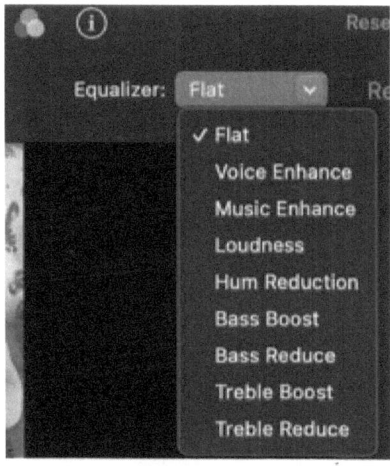

La velocità regola non solo la velocità di riproduzione del video, ma può anche riprodurre il clip al contrario.

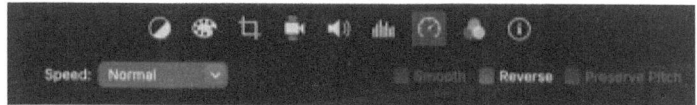

Filtro clip ed *effetto audio* includono miglioramenti visivi e audio al clip.

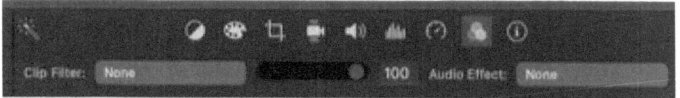

L'ultima opzione è *Clip Information*, che fornisce informazioni su quando è stato ripreso il video e sulla sua durata.

Montaggio a Clip

Quando si fa clic con il pulsante destro del mouse su un clip, vengono visualizzate diverse opzioni; alcune (ad esempio, Riproduci, Taglia, Copia ed Elimina) sono già note e non necessitano di spiegazioni; le altre potrebbero essere un po' confuse, quindi analizziamole tutte.

- *Dividere Clip* - Dividere un clip significa tagliare il clip, il che consente di eseguire modifiche indipendenti al video; è utile, ad esempio, se si desidera che l'audio venga riprodotto solo per una parte del video. Per dividere il clip, spostarsi sulla parte del clip che si desidera separare, quindi fare clic con il pulsante destro del mouse e selezionare *dividi*.
- *Aggiungi fermo immagine* - Il *fermo immagine* blocca il video per un periodo di tempo specificato e poi ricomincia a riprodurlo.

- *Staccare l'audio* - Per impostazione predefinita, l'audio del video è collegato al video stesso: ciò significa che l'audio viene modificato insieme al video. Staccandolo, l'audio viene separato dal video e visualizzato su una riga separata dell'editor.
- *Ritagliare a testa di pagina* - *Ritagliare a testa di pagina* è in pratica un ritaglio. Si sposta il cursore nel punto in cui si desidera ritagliare, quindi si fa clic con il pulsante destro del mouse e si seleziona questa opzione; il ritaglio avverrà in quel punto della clip.
- *Mostra Trimmer clip* - *Trimmer clip* è un altro strumento di ritaglio che consente di individuare il momento preciso in cui si desidera tagliare.
- *Mostra l'editor di velocità* - L'*editor di velocità* potrebbe sembrare in un primo momento senza alcuna funzione; in realtà l'editor si trova sopra l'anteprima nell'angolo in alto a destra ed è disponibile anche quando si fa clic sull'icona associata.
- *Mostra editor cinematografico* - La maggior parte dei vostri video probabilmente non mostrerà questa opzione; la modalità cinematografica è stata aggiunta agli ultimi iPhone (è la modalità che sfoca le cose non a fuoco in un video, come la modalità ritratto, ma con i video). Se il video non è stato girato in modalità Cinematografica, l'opzione sarà disattivata.
- *Aggiungi dissolvenza incrociata* - Una dissolvenza incrociata consente di aumentare delicatamente l'opacità di una scena rispetto alla precedente.
- *Rivela nel supporto del progetto* - Questa opzione mostra la posizione del file nel supporto del

progetto (il riquadro che mostra tutti i supporti contenuti in un progetto).

AGGIUNGERE UNA VOCE FUORI CAMPO

Per aggiungere una voce fuori campo a un filmato, occorre recarsi in un luogo un po' insolito: la parte superiore di iMovie. Fate clic sul menu *Finestra*, quindi selezionate *Registra voce fuori campo*.

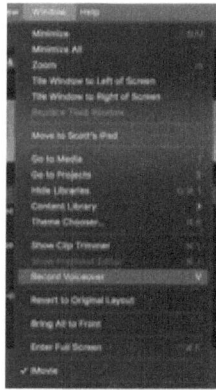

In questo modo, sotto l'anteprima del video apparirà un pulsante di registrazione; fate clic su registra per aggiungere la voce fuori campo.

AGGIUNGERE UN TEMA

Ok, ricordate quando ho detto che iMovie per Mac non ha tutti quei modelli di fantasia. È vero. Ma ci sono *alcuni* modelli.

Si chiamano temi. È possibile accedervi dallo stesso menu di *Voiceover Windows > Tema Scelta del tema.*

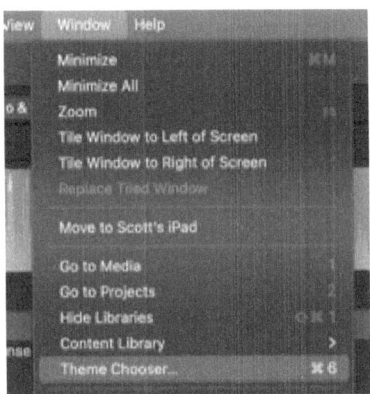

Verranno visualizzati diversi temi tra cui scegliere. Non è così robusto come la versione mobile dell'applicazione, ma è un modo piacevole per iniziare un progetto. È possibile visualizzare l'anteprima di ciascuno di essi e, se si desidera aggiungerne uno, fare clic sul pulsante *Cambia nell*'angolo in basso a destra.

SALVATAGGIO / CONDIVISIONE FILM

Quando si termina un progetto, non c'è il pulsante "Salva"; si salva facendo clic sul pulsante *<Progetto>* nell'angolo in alto a sinistra. Il programma chiederà il nome che si desidera dare al progetto e poi tornerà alla schermata principale.

Se si desidera condividerla, andare su *File > Condividi* e selezionare la modalità di condivisione.

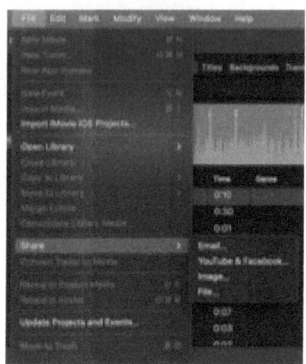

INDICE

A

Album13............................., 14, 15
Effetto audio64

B

Sfondi47............................., 48, 59

C

Colore25 ...., 26, 38, 62
Bilanciamento del colore62
Correzione del colore62
Crop62

D

Staccare Audio65
Scaricare54

E

Editing44............................, 60, 65
Equalizzatore63

F

Montaggio cinematografico59

I

Internet2

K

Ken Burns62

M

Momenti magici13
   Trasloco32
Musica25................................., 38

N

Riduzione del rumore63

O

   Opacità61

P

Album fotografici18
Foto13.., 47
Immagine in Immagine61

Giocare30

S

Condivisione30 ...., 68
   Split65
   Stabilizzazione63
Storyboard10...., 40, 41, 42, 44, 56, 57

T

   Tema67
Titoli23..............................., 50, 59
   Rimorchio56
Transizioni53............................, 59
   Trim66

V

Voce fuori campo24 ...., 66, 67

Sull'autore

Scott La Counte è bibliotecario e scrittore. Il suo primo libro, *Quiet, Please: Dispatches from a Public Librarian* (Da Capo 2008) è stato scelto dall'editore del Chicago Tribune e titolo Discovery del Los Angeles Times; nel 2011 ha pubblicato il libro YA The N00b Warriors, che è diventato un bestseller Amazon numero 1; il suo libro più recente è *#OrganicJesus: Finding Your Way to an Unprocessed, GMO-Free Christianity* (Kregel 2016).

Ha scritto decine di guide best-seller sui prodotti tecnologici.

È possibile contattarlo all'indirizzo ScottDouglas.org.

www.ingramcontent.com/pod-product-compliance
Lightning Source LLC
Chambersburg PA
CBHW031532210526
45464CB00020B/2533